Gramática Fundamental
da Língua Portuguesa

Caderno de RESPOSTAS

CADERNO DE RESPOSTAS

ÀS QUESTÕES GRAMATICAIS PROPOSTAS

Recadinho para você, Caro(a) Estudante

Resista à tentação de ler as respostas às questões antes de ter estudado cada módulo desta Gramática Escolar. As respostas devem servir apenas para você poder comprovar se compreendeu bem o conteúdo teórico ou se ainda precisará estudar mais um pouquinho...

Procure ser fiel à sua própria consciência, e não se envergonhe quando não conseguir acertar todas as respostas de cada módulo de estudo. Alguém já disse, um dia: *Errando também se aprende!*

Sucesso para você!

As Autoras

MÓDULO I

Fonologia (págs. 26 e 27)

1. a) 10l, 8f; b) 10l, 9f; c) 5l, 5f; d) 8l, 7f; e) 3l, 2f; f) 4l, 4f; g) 8l, 6f; h) 6l, 6f; i) 8l, 6f; j) 5l, 5f.

2. a) e - vogal; b) s - cons. l - cons. o - vogal; c) a - vogal i - semivogal; d) i - vogal; e) e - vogal u - semivogal t - cons.

3. a) coitadinho, engaiolado, falei; b) comprado, enquanto.

4. devia - /e/ átono; /i/ tônico.

5. dia - /i/ - vogal; gaiola - /i/ - semivogal.

6. a) gaiola - ditongo; b) oceano - hiato; c) dia - hiato; d) noite - ditongo; e) quais - tritongo; f) boiadeiro - ditongo, hiato, ditongo; g) qualidade - ditongo; h) averiguei - tritongo; i) caixa - ditongo; j) circuito - ditongo.

7. a) ditongo crescente; b) ditongo decrescente; c) ditongo crescente; d) ditongo decrescente; e) ditongo decrescente; f) ditongo decrescente; g) ditongo decrescente; h) ditongo crescente; i) ditongo decrescente; j) ditongo crescente.

8. a) dígrafo; b) enc. cons.; c) dígrafo; d) enc. cons.; e) dígrafo; f) enc. cons.; g) dígrafo; h) dígrafo; i) enc. cons.; j) enc. cons.

Sílaba (págs. 28 e 29)
1.

Palavra	Monossílaba	Dissílaba	Trissílaba	Polissílaba
castelo			cas-te-lo	
montanha			mon-ta-nha	
livros		li-vros		
magos		ma-gos		
cidade			ci-da-de	
todos		to-dos		
estranha			es-tra-nha	
sol	sol			
dia		di-a		
participação				par-ti-ci-pa-ção
reino		rei-no		
aventura				a-ven-tu-ra
poderes			po-de-res	
biblioteca				bi-bli-o-te-ca
seu	seu			
dourado			dou-ra-do	
amuleto				a-mu-le-to
alta		al-ta		
mais	mais			
hora		ho-ra		

2. Es**ta**va, tran**qui**lo, ci**da**de, ilumi**na**da, **pe**lo, **di**a, **e**la, **qua**se, ha**vi**a, **si**do, tra**ga**da, **pe**la, **som**bra, **u**ma, pe**que**na, estra**nha**, es**tre**la, **ho**ra.

3. Caótica.

4

4. Até, afastar; manhã; precisou; participação.

Alfabeto (pág. 30)
A, B, C, D, E, F, G, H, I, J, K, L, M, N, O, P, Q, R, S, T, U, V, W, X, Y, Z.
a, b, c, d, e, f, g, h, i, j, k, l, m, n, o, p, q, r, s, t, u, v, w, x, y, z.

Acentuação (págs. 30 a 33)

1. secretária (profissional) - paroxítona terminada em *ditongo*; portanto, acentuada
tatus - oxítona terminada em us; portanto, não é acentuada
colibri - oxítona terminada em i; portanto, não é acentuada
espécie - paroxítona terminada em ditongo; portanto, acentuada
creem - conforme o novo acordo, não recebe acento gráfico
cláusula - proparoxítona; todas são acentuadas
mágica - proparoxítona; todas são acentuadas
notícia - paroxítona terminada em ditongo; portanto, acentuada
compreensível - paroxítona terminada em l; portanto, acentuada
secretaria (lugar) - paroxítona terminada em a; portanto, não é acentuada
mistério - paroxítona terminada em ditongo; portanto, acentuada
energia - paroxítona terminada em a; portanto, não é acentuada
memória - paroxítona terminada em ditongo; portanto, acentuada
triunfal - oxítona terminada em l; portanto, não é acentuada
através - oxítona terminada em e(s); portanto, acentuada
caráter - paroxítona terminada em r; portanto, acentuada
jóquei - paroxítona terminada em ditongo; portanto, acentuada
incrível - paroxítona terminada em l; portanto, acentuada
biquíni - paroxítona terminada em i; portanto, acentuada
aliás - oxítona terminada em a(s); portanto, acentuada

2. Árvores, ninguém, recebê-los, porém, será, razoável.

3. a) Ivanhoé, salvá-lo, templário, já, pátio, imóvel, templários.
b) Ivanhoé - oxítona terminada em e; portanto, acentuada; salvá-lo e já - oxítonas terminadas em a; portanto, acentuadas; templário(s) e pátio - paroxítonas terminadas em ditongo; portanto, acentuadas; imóvel - paroxítona terminada em *l*; portanto, acentuada.

4. a) dá, já, pé. Todas são oxítonas, sendo que *dá* e *já* são terminadas em a; e *pé* é terminada em e.
b) História - paroxítona terminada em *ditongo*.

5. a) têm; b) convêm; c) veem; d) mantêm; e) retém.

6. a) alguém; b) táxi; c) chapéu; d) paciência; e) bônus.

Homônimas e Parônimas (págs. 33 a 35)

1. Sentido de ver, apreciar.

2. *Sugestão*: A professora de música assistia Clara nos ensaios da banda.

3. a) P b) H c) H d) H e) H f) H g) P h) H i) H j) H

4. a) gratuidade, bênção; b) tamanho, extensão; realização, execução de algo.

MÓDULO II

Estrutura das Palavras (págs. 128 e 129)

1. gat - radical; inho - sufixo.

2. a) tir - radical, a - vogal temática, r - desinência verbal;
b) fic - radical, a - vogal temática, va - desinência verbal;
c) analis - radical, a - vogal temática, mos - desinência verbal;
d) pens - radical, a - vogal temática, mos - desinência verbal.

3.

	Prefixo	Radical	Sufixo
Infeliz	in	feliz	
Avermelhado	a	vermelh	ado
Silencioso		silenci	oso
Sapequice		sapequ	ice
Dengoso		deng	oso
Indolor	in	dolor	
Presteza		prest	eza
Renovador	re	nov	ador

Processo de Formação das Palavras (págs. 130 e 131)

1. *Sugestão*: a) contradizer; b) mal-estar; c) justapor; d) semicírculo; e) sobreloja; f) circum-navegação.

2. *Sugestão*: a) antagonista; b) hipertensão; c) endoscópio; d) hipoteca; e) metafísica; f) prognóstico.

3. (6) (1) (8) (3) (2) (5) (7) (9) (4) (10).

4. a) 1; b) 5; c) 3; d) 5; e) 1; f) 1; g) 1; h) 2; i) 1; j) 1.

5. a) autoconfiança - prefixação;
b) *sugestão*: desconfiança.

Classes das Palavras - Variáveis e Invariáveis (pág. 132)

1. a) variável; b) variável; c) variável; d) invariável; e) variável; f) invariável; g) variável; h) variável; i) invariável; j) invariável.

Definição e Tipos de Substantivo – Flexão de Gênero (págs. 132 a 135)

1. Gente, fadas, super-heróis, princesas, histórias, seres, mentirinhas, fantasias, valores, vida, alegria, diferença.

2. a) fadas; b) princesas; c) gente; d) seres; e) alegria; f) mentirinhas; g) super-heróis.

3. Alegria, amizade, raiva e vitória.

4. a) judia; b) baronesa; c) eleitora; d) profetisa; e) cirurgiã; f) embaixadora; g) espiã; h) juíza.

5. i, c, a, h, b, j, g, d, f, e.

6. Embaixadora indica mulher que ocupa o cargo nas embaixadas; embaixatriz designa-se à mulher de embaixador.

7. a) 1; b) 2; c) 3; d) 3; e) 1; f) 1; g) 2.

Substantivo - Flexão de Número (págs. 135 e 136)

1. Grossa fatia de bolo de carne, coxa de peru e linguiça enrolada em *bacon*.

2. A palavra *cachorro-quente*, nesse contexto, dá sentido de pluralidade (muitos).

3. Cachorros-quentes.

4. a) guarda-chuvas;
b) reco-recos;
c) terças-feiras;
d) os bota-fora;
e) bichos-da-seda;
f) guardas-civis;
g) anjos da guarda;
h) passatempos.

Substantivo - Flexão de Grau (págs. 136 e 137)

1. a) pequeninos, brotinhos.
b) Está no grau diminutivo analítico, pois o substantivo *príncipe* aparece na forma normal; já o grau se dá no adjetivo *pequeno*.
c) A flexão de grau da palavra *brotinhos* se dá pelo acréscimo do sufixo diminutivo *inho*.

2. a) Jorginho, gigantesco;
b) pequena, malinha;
c) filhotes, cãezinhos;
d) espertalhão;
e) lourinho, dentuço, narigão.

3. *Sugestão*: Minha mãezinha querida está fazendo aniversário hoje. Meu cãozinho, cheirosinho e fofinho, adora pular no meu colo.

Artigo (págs. 138 e 139)
1. a) "a" definido;
b) "os" definido (plural);
c) "um" indefinido, "a" definido;
d) "uma" indefinido;
e) "um" indefinido;
f) "as" definido (plural);

g) "uma" indefinido;
h) "um" indefinido.

2. a) uma, as, o, um, o, o.
b) O artigo definido individualiza o substantivo, determinando-o; já o artigo indefinido generaliza-o, tornando-o impreciso.
c) Artigo, pois generaliza o substantivo *bosque*.

3. *Sugestão*: Naquele lugarejo, o viver dos moradores comovia os visitantes pela simplicidade e hospitalidade.

Adjetivo - Classificação (págs. 139 a 141)
1. Verdejante, rigoroso, amareladas, faminta, magra, orgulhosa e penalizada.

2. *Sugestão*: Bosque - bonito, assustador, inspirador.
Verão - multicolorido, ensolarado, chuvoso.
Cigarras - cantoras, indiferentes, vagarosas.
Formigas - batalhadoras, persistentes, cautelosas.
Casa - aconchegante, espaçosa, arejada.
Árvore - alta, frondosa, majestosa.

3. a) D; b) P/S; c) P; d) C; e) D; f) P/S; g) P/S; h) C; i) C; j) D.

4. a) anglo-brasileiras; b) indo-europeias;
c) nipo-brasileiras; d) greco-africanas.

Adjetivo - Flexão de Gênero (págs. 142 e 143)

1. Uniformes: paciente, feliz, sensível, frágil, hábil. Biformes: esperto, bom, mau, sábio, brasileiro, lutador, generoso.

2. Esperta, boa, má, sábia, brasileira, lutadora, generosa.

3. a) Loucamente (uniforme); sozinha (biforme); feliz (uniforme). b) *Sugestões*: O garoto, feliz, saiu correndo ao encontro da mãe. A porta se abriu, a menina, feliz, correu para os braços do pai.

Gramática Fundamental da Língua Portuguesa

Adjetivo - Flexão de Número (págs. 143 a 146)

1. a) Os meninos surdos-mudos publicaram seu primeiro livro de contos.
b) Foram maravilhosas as publicações luso-brasileiras na feira.
c) Comprei aqueles casacos verde-claros.
d) As mães faziam um esforço sobre-humano para manter seus filhos no treino de xadrez.
e) As classes trabalhadoras aguardam ansiosas as reformas político-sociais.
f) As músicas foram cantadas pelos rapazes latino-americanos.
g) Os ternos azul-marinho estão na moda.
h) As crianças, encantadas, fixaram o olhar nos carros amarelo-ouro.
i) As bonecas vestiam deslumbrantes vestidos cor-de-rosa.
j) As meninas derramaram suco nas blusas azul-celeste.

2. De ouro, de prata, de chumbo. "Mandou que preparassem três cofres: um áureo, outro argênteo e um terceiro plúmbeo."

3. a) Amorosos, adoráveis, secas, guloso, sozinho. b) Favas, Novelo. c) De forragem e/ou de feno.

4. a) Ele é um aluno esforçadíssimo. b) A cidade de Gramado é lindíssima. c) O molho da macarronada estava ardidíssimo. d) A torta de limão é apetitosíssima. e) As priminhas são amicíssimas.

5. a) Grau superlativo absoluto; b) grau superlativo relativo de superioridade; c) grau normal; d) grau comparativo de superioridade; e) grau superlativo absoluto.

Numeral (págs. 146 a 149)

1. Seis - cardinal; dobro - multiplicativo; três - cardinal; meia - fracionário.

2. *Sugestão:* ... "também chama o *quádruplo*" (=4 vezes maior).

3. a) duas; b) sexagésimo; c) triplo; d) duzentos; e) vinte avos.

4. a) Sete mil, seiscentos e dez; b) sessenta e quatro; c) oitenta e nove; d) quatrocentos e setenta e sete; e) setecentos e vinte e oito; f) dois mil, trezentos e quarenta e quatro; g) oitocentos e vinte e seis; h) três mil e cinquenta e oito.

5. a) décimo terceiro; b) quadragésimo quinto; c) nongentésimo quinto;

d) quadringentésimo trigésimo quarto; e) ducentésimo décimo quinto; f) septingentésimo trigésimo oitavo.

6. - cento e cinquenta ml / dois terços de xícara de iogurte comum; duas bananas; trezentos gramas de morangos e de amoras; trezentos ml / uma xícara, mais um terço de xícara de leite.

7. a) Artigo vinte e oito; b) Século dezoito; c) Volume sexto; d) Papa João Paulo Segundo; e) Quarto Congresso de Leitura; f) Capítulo Sétimo; g) Trigésima Quinta Feira de Livros Infantis.

8. a) Fico ansiosa ao ouvir histórias relacionadas ao século seis. Fico ansiosa ao ouvir histórias relacionadas ao século doze. Fico ansiosa ao ouvir histórias relacionadas ao século vinte. Fico ansiosa ao ouvir histórias relacionadas ao século quatro.

8. b) Fico ansiosa ao ouvir histórias relacionadas ao século VI. Fico ansiosa ao ouvir histórias relacionadas ao século XII. Fico ansiosa ao ouvir histórias relacionadas ao século XX. Fico ansiosa ao ouvir histórias relacionadas ao século IV.

Pronome (págs. 149 a 153)

1. "(...). Embora eu lhe conte isso, minha irmã, este homem, em outras ocasiões, é capaz de perceber sutilezas nas estrelas e dar o devido valor à vida espetacular que nos rodeia. Ele é, portanto, um homem que vive duas vidas, uma extremamente abatida pela desgraça e a outra que o eleva à altura das pessoas mais refinadas que já conheci, de fantástica sabedoria. Além disso, quando fala, seu discurso, sua entonação a cada frase, soa como música a quem o ouve, tornando-o uma figura muito impressionante". (...)

2.

Pessoal	Possessivo	Demonstrativo	Indefinido	Relativo
Eu	minha	isso	outra(s)	que
Lhe	seu	este	um	quem
nos	sua	disso	uma	
Ele		o		

3. O pronome em destaque se refere ao personagem que narra o fato, e à irmã desse mesmo personagem.

4. a) Maria o fez sair do sofá.
b) Os jornais publicaram-na ontem.
c) Encontrei-a no cinema.
d) Fi-lo rapidamente ou Eu o fiz rapidamente.
e) João compõe-nas com muito amor.

5. Ela, ele - 3ª pessoa do singular; eu - 1ª pessoa do singular.

6. a) que; b) qual; c) quantos; d) quem; e) quantas.

7. a) E; b) C; c) C; d) C; e) C; f) C; g) E; h) C.

8. a) substantivo; b) adjetivo; c) adjetivo; d) substantivo; e) substantivo.

9. Sua - pronome possessivo; senhor - pronome de tratamento; isso - pronome demonstrativo; algumas - pronome indefinido.

10. a) Luís; b) rua; c) autor; d) coisas.

11. a) qualquer; b) ninguém; c) algumas; d) certo; e) todos.

Verbo - Flexão de número, pessoa, modo e tempo (págs. 153 a 155)

1. a) chovia, ficava, ensinando, conseguira, capturar, repetir, colhia, preparava, tinha e fazer.
b) Verbos que indicam ação: ficava e ensinando; verbo indicando fenômeno da Natureza: chovia.
c) Nós colhíamos as espigas de cevada e preparávamos o chão para o plantio.

2. a) inventou: pretérito perfeito; é: presente; b) ganhara: pretérito mais-que-perfeito; c) poderão: futuro; d) sumiram: pretérito perfeito; e) retornei: pretérito perfeito.

3. a) 3; b) 1; c) 1; d) 3; e) 2; f) 2; g) 1; h) 2; i) 2; j) 1.

Verbo - Vozes (págs. 155 a 157)

1. a) entrou - ativa; ficou aguardando - passiva; apaixonara-se - reflexiva.
b) neste contexto o verbo indica estado.

2. a) voz ativa; b) voz passiva analítica; c) voz reflexiva; d) voz reflexiva; e) voz passiva sintética; f) voz passiva sintética.

3. a) Inúmeras flores foram plantadas pelo senhor Osvaldo no seu jardim.
b) Consertam-se aqui carros importados.
c) A alça da maleta foi quebrada pelo príncipe.
d) As provas foram aplicadas, logo cedo, pelo professor.
e) A toalha foi tecida, com muito amor, pela rendeira.

4. a) R; b) PS; c) R; d) PS; e) R.

Verbo - Estrutura e Classificação (págs. 157 a 159)

1. a) Tratou: trat- radical; carregarem: carreg- radical; deixamos: deix- radical; pretendíamos: pretend- radical.
b) carregarem: modo-temporal: -re; número-pessoal: -m; pretendíamos: modo-temporal: -ia; número-pessoal: -mos.
c) todos os verbos são arrizotônicos.

2. a) abraç- radical, -reis número-pessoal; b) exercit- radical, a- vogal temática; c) escrev- radical, escreve- tema; d) sorr- radical, sse- modo temporal.

3. a) R; b) I; c) I; d) R; e) I; f) I.

4. a) AX; b) AN; c) AN; d) AB; e) AB; f) DF.

Conjugação (págs. 159 e 160)

1. a) futuro do presente do indicativo; b) gerúndio; c) pretérito perfeito do indicativo; d) futuro do subjuntivo; e) presente do subjuntivo; f) particípio.

2. *Sugestão:* Seja forte, mamãe! Não digas nada a teu irmão!

3. a) gosta; b) venham; c) pusemos; d) remendava; e) esforcei.

4. Reparou: pretérito perfeito do indicativo; voava: pretérito imperfeito do indicativo; observando: gerúndio.

Gramática Fundamental da Língua Portuguesa

Advérbio (págs. 161 a 163)

1. a) hoje (advérbio de tempo): modifica o verbo *estar*;
b) muito (advérbio de intensidade): modifica o advérbio *depressa*;
c) jamais (advérbio de negação): modifica o verbo *pedir*;
d) mais (advérbio de intensidade): modifica o adjetivo *estudiosa*;
e) aqui (advérbio de lugar): modifica o adjetivo *felizes*.

2. *Sugestões*: a) Almocei muito depressa. O gato, muito repentinamente, correu atrás da bolinha de gude.
b) Estou muito cansada para decidir qualquer coisa. Estou bem triste com o ocorrido.
c) Mariana leu calmamente o texto. Talvez devêssemos aguardar o resultado da prova.

3. a) Muito longe – intensidade / lugar;
b) provavelmente, muito – dúvida / intensidade;
c) já – tempo;
d) bastante – intensidade;
e) realmente – afirmação.

4. a) muitíssimo: grau superlativo sintético; b) mais frequentemente: grau superlativo analítico; c) tão calmamente quanto: grau comparativo de igualdade; d) depressinha: grau diminutivo; e) educadissimamente: grau superlativo sintético.

5. a) trancos e barrancos; b) pouco a pouco; c) à direita; d) à direita/à esquerda; e) em domicílio.

6. a) Logo, sempre, não, bem; b) logo - Assim que entrei no teatro, logo os encontrei; c) à noite.

Interjeição (págs. 164 a 167)

1. De alegria pela viagem da amiga.

2. a) congratulação; b) saudação; c) dor; d) alegria; e) reprovação; f) ânimo; g) medo.

3. *Sugestões*: a) Ai! Ai!; b) Obá!; c) Nossa!; d) Virgem Maria!; e) Socorro!; f) Ufa!; g) Viva!; h) Ui!; i) Arre!; j) Caramba!

4.
1º balão: Puf! Tush! Crash! (onomatopeias).
2º balão: Turakke tem muita munição e manda muitas naves para combater a grande força! (expressa ânimo); Tosh! Truash! Plesh! (onomatopeias).
3º balão: Querida! (expressa admiração); Não esqueça de levar a espátula nova! (expressa advertência).

4º balão: Calma! (expressa advertência). O sítio arqueológico não vai fugir, benzinho! (expressa ironia); Vamos! (expressa animação)
5º e 6º balões: Vamos! (expressa animação).
7º narração: ...E, neste dia, não foi diferente! (expressa repetição, insatisfação).
8º balão: Legal! Esqueceram de mim outra vez! (expressa alegria).
9º balão: Nossa, que bagunça! (expressa espanto).
10º balão: Céus! Esquecemos completamente do nosso filho! (expressa indignação).
11º balão: "Esquecemos", não! Você esqueceu! (exaltação, negação).
12º balão: Menon é responsabilidade de nós dois! Esquecemos, sim! Ah! Ele está dormindo! Está tudo bem! (expressa alívio, afirmação).
13º balão: Eu entendi bem o que você quis dizer! (expressa ironia).

Preposição - Combinação, contração e acento indicativo de crase (págs. 168 a 170)

1. a) de, para, no, do. b) no = em + o; do = de + o.

2.

Contração	Combinação
Nas (em + as)	Aos (a + os)
Daqui (de + aqui)	
Num (em + um)	
Naquela (em + aquela)	

3. a) 5; b) 1; c) 6; d) 4; e) 2; f) 3; g) 7; h) 10; i) 8; j) 9.

4.
a) Ao chegar (a – <u>à</u>) reunião, a professora cumprimentou os presentes com entusiasmo. Porém, não conseguiu chegar (<u>a</u> – à) tempo de assistir (a – <u>à</u>) apresentação de sua colega.
b) Quanto (a – <u>à</u>) venda do automóvel, o comerciante prometeu voltar (<u>a</u> – à) procurar seu cliente.
c) (<u>A</u> – À) presidente enviou alguns diplomatas (a – <u>à</u>) China e (a – <u>à</u>) África e também (a – <u>à</u>) Europa, com o objetivo de estabelecer negócios de grande importância.
d) Os conferencistas demonstraram estar (a – <u>à</u>) altura da importância dos debates (<u>a</u> – à) respeito do tema "ecologia".
e) A nova butique do Centro funciona de segunda (<u>a</u> – à) sexta-feira, das nove (as – <u>às</u>) dezoito horas.
f) (<u>A</u> – À) partir do dia 1º de setembro, a editora XYZ estará (a – <u>à</u>) disposição de seus clientes em sua nova sede.

g) Leve a correspondência (a – à) mesa da secretária e aguarde o parecer dela quanto (a – à) solução do problema (a – à) tempo.

Conjunção (págs. 170 a 173)

1. a) e, quando, mas, se; b) expressa sentido de condição.

2. a) acréscimo; b) conclusão; c) explicação, motivo; d) ideia contrária; e) alternância; f) condição; g) ideia contrária; h) alternância; i) conclusão; j) acréscimo.

3. a) conformidade; b) causa; c) tempo; d) proporção; e) comparação; f) finalidade.

4. a) desde que; b) enquanto; c) à medida que / mais; d) que; e) mas; f) segundo.

5. gigante - subst.; o - artigo; dele - pronome; prometeu - verbo; mas - conjunção; dois - numeral; não - advérbio; muita - advérbio.

MÓDULO III

Frase, Oração e Período (págs. 214 a 216)

1. a,b,d,e,f,g,h,i.

2. a) interrogativa; b) exclamativa; c) declarativa afirmativa; d) imperativa; e) declarativa negativa; f) optativa; g) exclamativa; h) interrogativa; i) declarativa afirmativa; j) declarativa negativa.

3. a) fiquei, ver - 2; b) é - 1; c) têm - 1; d) era, morava, dizia, havia - 4; e) adormeceu - 1.

4. a) C; b) S; c) S; d) C; e) S.

5. a) É a gula que nos faz mal!
b) Essa pergunta é uma pegadinha para as pessoas gulosas demais ou para as que estão sempre de "mal com a balança".
c) O nosso corpo é uma perfeição da natureza, nos mínimos detalhes.
d) Gostoso é viver!

Sujeito (págs. 217 a 220)

1. a) sujeito: as frutas - predicado: estão fresquinhas;
b) sujeito: a pequena Amanda - predicado: sonhava com sua casa de bonecas;
c) sujeito: todos - predicado: irão ao clube à noite;
d) sujeito: aquela carta - predicado: foi escrita com muito carinho;
e) sujeito: a vida - predicado: é feita de sonhos.

2. a) frutas; b) Amanda; c) todos; d) carta; e) vida.

3. a) Madalena e eu: núcleo; Madalena, eu: sujeito composto.
b) (Eu) sujeito oculto.
c) Alguém, núcleo; alguém: sujeito simples.
d) Aquele dia, núcleo; dia: sujeito simples.
e) os alunos e a professora, núcleo; alunos, professora: sujeito composto.
f) Riki e Gabi, núcleo; Riki, Gabi: sujeito composto.
g) (Nós) sujeito oculto.
h) O notável arquiteto, núcleo; arquiteto: sujeito simples.
i) Meu pai, núcleo; pai: sujeito simples.
j) (Eu) sujeito oculto.

4. a) OS; b) SI; c) OS; d) SI; e) OS; f) SI; g) SI; h) SI.

5. a; b; e; f.

6. a) os alimentos e as receitas: núcleo; alimentos, receitas: sujeito composto. b) Essas variações, núcleo; variações: substantivo plural.

Predicado (págs. 220 e 221)

1. a) estava cansada; b) são campeões de venda; c) montam o quebra-cabeça atentas; d) abriu a porta assustado; e) fizeram os exercícios de matemática; f) corre no jardim; g) cozinha todos os domingos para a sua grande família; h) Fiz várias tranças no cabelo da Nicki.

2. a) P.N. b) P.N. c) P.V.N. d) P.V.N. e) P.V. f) P.V. g) P.V. h) P.V.

3. a) VT. b) VI. c) VL. d) VT. e) VI. f) VT. g) VT. h) VI.

4. a) grita, cheguei. b) verbo de ligação.

Complemento Verbal e Nominal / Agente da Passiva (págs. 222 a 224)

1. a) em você, objeto indireto;
b) tudo, objeto direto;
c) lhe, objeto indireto;
d) os livros, objeto direto;
e) brinquedos, objeto direto;
f) uma grande doação de agasalhos, objeto direto;
g) de música popular brasileira, objeto indireto;
h) um ótimo dia de trabalho, objeto direto;
i) algumas adaptações, objeto direto;
j) tudo, objeto direto.

2. a) pelos pais; b) de falar; c) de um país melhor; d) nele; e) pela viagem; f) de madeira.

3. a) Objeto indireto; b) Objeto indireto; c) Complemento nominal; d) Complemento nominal; e) Complemento nominal; f) Complemento nominal.

4. a) *Com sustança* - completa a palavra comida. b) algo forte.

5. a) R; b) P; c) A; d) P; e) R.

6. a) Várias casas típicas foram construídas pelo Seu Zé.
b) A apresentação dos alunos foi cancelada pela professora.
c) Os bombeiros foram chamados imediatamente pelos vizinhos.
d) Uma bela árvore de Natal foi comprada pela Letícia.
e) Toda a ação dos bandidos foi investigada pelo delegado.

Adjunto Adverbial / Adjunto Adnominal (pág. 225)

1. a) meus; b) as, excessivas; c) a pequena; d) grandioso; e) a, segunda.

2. a) ao anoitecer, esperançoso.
b) muito, aflito.
c) certamente.
d) muitas horas por dia.
e) na cozinha.

3. *Sugestão*: a) A amorosa mamãe chegou do trabalho apressadamente.
b) A pequena menina caiu do escorregador.

4. a) Depois de mais uma semana, claro e límpido. b) Tempo e modo.

Aposto e Vocativo (pág. 226)

1. a) Mamãe, mamãe: vocativo. b) meu melhor amigo: aposto. c) menina: vocativo. d) meus pais: aposto. e) gatinho: vocativo.

2. a) Santos Dumont, o grande aviador, aparecia de vez em quando na oficina. b) Meu avô, homem educado e sonhador, sempre gostou de cavalos. c) Sempre sonhei em conhecer Paris: brilho, luz e sofisticação.

3. Aposto.

Orações Coordenadas (págs. 227 e 228)

1. a) S; b) C; c) C; d) S; e) S.

2. período simples - 1; período composto - 2.

3. 5; 4; 2; 1; 3.

4. a) Penso; portanto, existo.
b) A moça fechou a porta, triste, e saiu.
c) As ruas ficaram inundadas, porque choveu muito esta semana.
d) Sara não quis nos falar nada; por isso, não insisti.
e) Saiu depressa; porém, não conseguiu avistar o carteiro.
f) Você assobia ou você chupa cana.

5. a) e; b) contraste.

Orações Subordinadas Substantivas (págs. 229 e 230)

1. a) SS; b) OD; c) OD; d) SS; e) OD.

2. a) É necessário que você oriente. b) Ele comunicou que viajaria. c) Precisamos que nos apoie. d) Tenho certeza de que você vencerá. e) Meu desejo é que sejas feliz. f) Só tenho um desejo: que sejas feliz.

3. a) 1; b) 6; c) 2; d) 3; e) 4; f) 5; g) 4.

4. a) Completiva Nominal.

Orações Subordinadas Adjetivas (págs. 230 e 231)

1. a) R; b) E; c) R; d) E; e) R; f) E.

2. a) O homem, que é lutador, vence na vida.
b) Era um comportamento que não reprimia.
c) Fatos, que são imprevisíveis, podem acontecer a qualquer momento.
d) Os médicos procuram ter uma letra que seja legível.
e) Os jovens que estudam chegam lá.

3. Que a odiava por ter sido rejeitado. Adjetiva restritiva.

Orações Subordinadas Adverbiais (págs. 232 e 233)

1. a) enquanto o filho ouvia música, temporal;
b) como um anjo, comparativa;
c) a fim de que pudesse dormir, final;
d) à medida que recebia as cartas, proporcional;
e) porque faltou energia, causal;
f) que mal conseguia falar, consecutiva;
g) se tiver dinheiro disponível, condicional;
h) conforme solicitação do advogado, conformativa;
i) embora estivesse apaixonado, concessiva.

2. a) 5; b) 3; c) 1; d) 2; e) 4.

3. a) Estudou tanto que passou no concurso.
b) Uns liam livros, enquanto outros assistiam a filmes.
c) Vivia tenso, porque não tinha confiança nos colegas.

4. a) 5; b) 10; c) 1 – Temporal. 2 - Concessiva.

Orações Subordinadas Reduzidas (pág. 234)

1. a) Iniciada a discussão, aglomerou-se muita gente.
b) Concluído o trabalho, dirigiram-se à cantina.
c) Cessada a chuva, saímos para brincar.

2. a) Fazendo muito frio, não podemos sair.
b) Estando com fome, dirigiu-se rapidamente à geladeira.

c) Avistei um garoto ajudando uma senhora.

3. a) Ao perceber o perigo, ficou apavorado.
b) Por estar doente, faltou à escola.
c) Ao se despedir, trocaram palavras gentis.

Concordância Verbal (págs. 235 a 237)

1. a) Começam muito tarde os debates políticos.
b) Acontecem muitos acidentes nesta avenida.
c) Só nos restam estas alternativas.
d) Criticam-se os novos planos econômicos.
e) Vai haver poucos feriados neste trimestre.

2. a) Precisa-se de zeladores.
b) Falou-se de possíveis assaltos.
c) Caso haja mais encomendas, me avise.
d) Existem casas à venda?
e) Houve faltas neste mês.
f) Se não houvesse confusão, os trabalhos se concluiriam.
g) Faz anos que trabalho aqui.

3. a) é; b) votaram; c) são; d) partiram; e) conseguem; f) é; g) havia; h) é; i) é; j) enviei.

4. Sim, está correta, pois está concordando com a expressão "uma das minhas primeiras surpresas".

Concordância Nominal (págs. 237 e 238)

1. a) entusiasmados; b) meio; c) meia, meio; d) bastantes; e) só; f) mesmas; g) parte; h) obrigada!; i) anexos; j) mesmos.

2. a) caro; b) alerta; c) meio; d) alto; e) mesmas; f) bom; g) É necessário; h) É proibido; i) incluso; j) É proibida.

3. Está concordando com a pessoa do discurso.

Regência Nominal (págs. 238 e 239)

1. *Sugestão*: a) a população; b) aos animais; c) aos erros ortográficos; d) à informação; e) às boas condutas; f) à barraca de hortaliças; g) para a votação; h) sobre a mentira.

2. a) de seus pais; b) *Sugestão*: saudade dos bolinhos de chuva / do bolo de fubá.

Regência Verbal (págs. 239 a 241)

1. Verbo Transitivo Direto.

2. a) Indeterminado; b) Verbo Intransitivo; c) Adjunto Adverbial.

3. a) Só aspirava a um bom emprego.
b) Na floresta, aspiramos ar puro.
c) O médico assistiu o paciente.
d) Muitos assistiram ao debate político.
e) O presente agradou ao jovem.
f) Quero bem à minha família.
g) Ainda não paguei às gráficas.
h) O presidente não quis visar o cheque.

4. *Sugestões*: a) ao inquérito; b) à vítima; c) ao cargo de gerente; d) às leis; e) ao bem público.

Colocação dos Pronomes nas Frases (págs. 241 a 243)

1. Me levaram; me apareceu; lembrei-me.

2. a) E; b) P; c) P; d) M; e) P; f) E; g) M; h) M; i) E; j) E.

3. a) Emprestas-me o celular?
b) Alguém lhe trouxe aquele envelope.
c) Sempre o admirei.
d) Quando me telefonaram, estava ocupada.
e) Não me pergunte nada.

4. a) Exprime desejo. b) antecede advérbio. c) antecede advérbio.

5. Conjunção condicional.

MÓDULO IV

Pontuação (págs. 253 a 256)

1. Aspas, reticências, ponto, vírgula, ponto de interrogação.

2. Sim, pois indicará estado emocional.

3. a) Acordamos muito felizes. b) Vivemos numa cidade maravilhosa. c) A família é o maior tesouro do homem. d) Entregamos todas as correspondências ao vovô.

4. a) Sofia mora na Alameda Castelo Branco, 2017.
b) A comemoração do campeonato, meus amigos, foi excepcional.
c) Rute, que é muito estudiosa, teve uma ótima classificação no concurso.
d) Todos, pai, mãe, filho e filha foram à missa.
e) Segunda-feira, mais ou menos neste horário, serão entregues donativos aos necessitados.
f) De grão em grão, a galinha enche o papo.

5. "(...). Da alegria inicial, passou ao nervosismo pela demora de Edward. Pouco depois, quando alguns escudeiros e camareiros entraram e se inclinaram diante dele, alarmou-se. Receava o que poderia lhe acontecer por estar usando as roupas de Sua Alteza. (...)"

6. a) "Não levar a sério brincadeiras de amigos é muito importante, evita brigas; mas você também não deve ficar magoado(a) se o que estiver fazendo for correto."
b) "Compreender é como escalar uma montanha; é preciso esforço para subir, mas a maravilha é que, quando se chega ao alto, a vista alcança mais longe."

7. "(...). Sobre isso, José quis saber:
– Um furo de balão poderia nos derrubar?
– Não na mesma hora do impacto, mas, certamente, causaria um rasgão e nosso gás escaparia através dele – respondeu Fergusson. (...)"

8. a) "– Ah! Então você ama a Grauben, não é? – disse o mestre, já recomeçando suas especulações a respeito dos escritores científicos."
b) "(...). Em seguida, tentaram carregar Clara. Mas não estavam conseguindo. Então, incentivaram-na a ficar de pé e a pôr um pé na frente, depois o outro e...maravilha! Clara começou a andar!"

9."Mary ficou curiosa. Na Índia, uma criada nunca trataria a patroa como se fosse uma igual. E ficou em dúvida:
– Você é minha criada?
– Eu trabalho para a senhora Medlock, que trabalha para o senhor Craven.
– E quem vai me vestir? – perguntou Mary.
– Ocê ainda não sabe se vestir? – perguntou Marta, deixando escapar o seu sotaque do interior.

MÓDULO V

Emprego do Hífen (págs. 266 a 268)

1. a) erva-doce; b) semi-hospitalar; c) bem-humorada; d) mal-lavado; e) hipersensível; f) superprodução; g) mandachuva; h) além-mar; i) minissaia; j) autoescola.

2. a) ex-diretora; b) recém-nascido; c) malcriada; d) malfeito; e) recém-casados.

3. a) Porque o advérbio *mal* antecede palavra que começa com vogal. b) *Sugestão*: bem-humorada, benfeitor, benquerente.

4. a) minissaia; b) ultrassom; c) agroindústria; d) reeleitos.

As Palavras Que, Como e Se (págs. 268 a 270)

1. a) 5; b) 2; c) 3; d) 4; e) 1.

2. a) Partícula apassivadora; b) pronome reflexivo; c) índice de indeterminação do sujeito; d) pronome reflexivo; e) partícula apassivadora.

3. A palavra *se*, tanto no texto 1 quanto no texto 2 exerce a função de pronome reflexivo.

4. a) advérbio interrogativo; b) advérbio de modo; c) conjunção subordinada causal; d) advérbio interrogativo; e) conjunção subordinada comparativa.

Onde, Aonde e Porquês (págs. 270 e 271)

1. a) aonde; b) onde; c) onde; d) aonde; e) onde.

2. a) por quê; b) por que; c) porquê; d) porque; e) por que; f) por quê; g) porquê, h) porque; i) porque; j) por que.

3. a) 3; b) 1; c) 4; d) 2; e) 5.

4. Exerce a função de conjunção.

MÓDULO VI

Figuras de Sintaxe (págs. 280 e 281)

1. a) havia; b) é; c) a apoiam; d) há, está; e) havia.

2. a) P; b) A; c) A; d) PL; e) A.

3. a) gênero; b) pessoa; c) gênero; d) número; e) pessoa.

4. Repetição.

Figuras de Palavras (págs. 282 e 283)

1. a) P; b) C; c) C; d) C; e) P; f) C; g) C; h) P; i) C; j) P.

2. a) 1; b) 6; c) 4; d) 5; e) 2; f) 3.

3. a) Cada amigo é um planeta. b) Cada amigo é como um planeta.

Figuras de Pensamento (págs. 283 e 284)

1. *Sugestão*: a) Nossa! Que piada engraçada!
b) Tão competente... que não conseguiu fazer o que lhe foi pedido!

2. a) E; b) H; c) H; d) P; e) A; f) H.

3. Se está frio ou se está quente.

Vícios de Linguagem (pág. 285)

1. a) 5; b) 4; c) 6; d) 1; e) 7; f) 3; g) 2.

Prova Brasil (págs. 288 a 333)

Questão	Resposta	Questão	Resposta	Questão	Resposta
1	D	21	A	41	C
2	C	22	B	42	A
3	D	23	B	43	A
4	D	24	B	44	A
5	D	25	C	45	A
6	A	26	C	46	D
7	C	27	C	47	D
8	C	28	D	48	A
9	B	29	A	49	D
10	C	30	A	50	D
11	B	31	C	51	A
12	A	32	C	52	C
13	B	33	A	53	D
14	B	34	A	54	D
15	C	35	C	55	A
16	C	36	D	56	C
17	A	37	B	57	D
18	A	38	C	58	C
19	D	39	C	59	D
20	C	40	A